DERNIERS JOURS

DE M. L'ABBÉ

HENRI PERREYVE

Paris — Typographie Ad. Lainé et J. Havard, rue des Saints-Pères, 19,

DERNIERS JOURS

DE M. L'ABBÉ

HENRI PERREYVE

PAR

M. L'ABBÉ E. BERNARD

Aumônier de l'École Normale.

> Satiabor cum apparuerit gloria tua.
> Ps. XVI, 15.

NOUVELLE ÉDITION.

PARIS
CHARLES DOUNIOL, LIBRAIRE-ÉDITEUR,
RUE DE TOURNON, 29.

1867

Tous droits réservés.

On demande de tous côtés à la famille et aux amis de M. l'abbé Perreyve des détails sur les derniers jours de cette existence déjà si précieuse à l'Église et à tant d'âmes pour lesquelles il s'est sacrifié. S'ils avaient suivi leur premier sentiment, ils auraient gardé pour eux et pour un cercle intime des souvenirs si douloureux et si délicats ; mais ils ont réfléchi que celui qu'ils pleurent était prêtre et qu'à ce titre sa mort, aussi bien que sa vie, appartenait à tous pour l'édification des fidèles et pour la gloire de Dieu.... Sa vie, ils la raconteront plus tard[1] ; ils se sont décidés à parler dès aujourd'hui de sa mort.

6 juillet 1865.
Octave de la fête des saints Apôtres.

[1] *Henri Perreyve*, par le R. P. Gratry. 1866.

DERNIERS JOURS

DE M. L'ABBÉ

HENRI PERREYVE

L'abbé Perreyve est revenu précipitamment de Pau, où il était allé passer l'hiver, le dimanche 9 avril, jour des Rameaux. Sa famille et ses amis, trompés depuis plusieurs mois par les lettres rassurantes et pleines d'illusions qu'il leur écrivait, furent atterrés de l'état dans lequel ils le revirent. Dès le premier moment, leurs alarmes furent extrêmes et les médecins ne les calmèrent pas. La maladie dont il était atteint depuis plusieurs années avait fait des progrès rapides.

L'abbé Perreyve ne voyait pas son état et croyait à une indisposition passagère ; aussi trompait-il les ennuis de la maladie par des projets d'avenir. Il prétendait reprendre son cours à la Sorbonne dans le deuxième semestre qui allait commencer; et, dans tous les cas, il songeait au discours de rentrée de la Faculté de théologie qu'il devait prononcer; il choisissait son sujet et esquissait son plan. En vain autour de lui on essayait de l'alarmer, afin de lui épargner l'imprudence d'une sortie, d'une trop longue conversation ou d'un travail de tête prolongé.

Cependant il fallut bien reconnaître au bout de quelques semaines que le mal ne cédait pas aux efforts de la science. On emmena l'abbé Perreyve à la campagne. Avant de partir il voulut faire ses Pâques, que l'impossibilité de rester à jeun la nuit lui avait fait retarder jusque-là. Il espérait être assez fort pour accomplir ce grand devoir en disant lui-même la sainte messe le dimanche du Bon Pasteur, et, n'osant monter à l'autel sans être assisté, il m'avait écrit la veille pour me prévenir. Au dernier moment ses forces le trahirent, et il dut se borner à se confesser. Nous restâmes longtemps ensemble, et il fut convenu qu'il communierait le lendemain. En effet, le lundi, premier jour de mai, il vint, pouvant à peine se soutenir avec l'appui de mon bras, faire ses Pâques à ma messe, dans la petite chapelle des Pères de Sion, voisine de sa demeure. Il partit ensuite pour Épinay, où, après un mieux peu sensible et qui d'ailleurs fut de courte durée, on dut se convaincre que les remèdes étaient impuissants et que tout espoir était perdu.

Ces tristes nouvelles ne tardèrent pas à se répandre, et une touchante reconnaissance inspira aux fidèles sur plusieurs points de Paris la pensée d'unir leurs prières pour obtenir la conservation de cette jeune vie, qui leur était chère. Nous ne saurions trop, en écrivant ces lignes, leur exprimer, ainsi qu'aux communautés religieuses du diocèse qui s'associèrent à cet élan spontané, la profonde gratitude de la famille de M. Perreyve et la nôtre.

1.

A partir de ce moment, l'abbé Perreyve comprit qu'il s'était trompé sur le caractère de sa maladie ; qu'elle était beaucoup plus grave qu'il ne l'avait cru d'abord, et l'idée de la mort se présenta pour la première fois à son esprit. Elle ne l'épouvanta pas un instant. Il disait alors à celui qui a été avec moi son plus ancien et son plus intime ami [1] : « Pen-
« dant toute cette semaine j'ai pensé à la
« mort, et je l'ai acceptée sans amertume et
« sans effroi ; oui, tout ce temps j'ai entendu
« en moi le *responsum mortis*. Je suis bien
« reconnaissant des prières qu'on fait pour
« moi, mais je ne demande pas la vie, il
« m'est impossible de prier à cette intention.

« Si je devais vivre, cependant, je crois,
« j'espère que je serais meilleur. Mais peut-
« être que cela même est une illusion. Je suis
« un pauvre malade perdu à qui tout semble
« facile et qui accepte tout aisément pour-
« vu qu'on le rappelle à la vie. »

[1] Le R. P. Charles Perraud, de l'Oratoire.

Une seule chose l'attristait parfois dans la perspective de la mort, c'était, comme l'éprouvent toutes les âmes pures à l'approche de la Sainteté divine, le sentiment de son indignité et le souvenir de ses péchés. Il fallait relever son courage et le rassurer en lui parlant de la miséricorde de Dieu, et alors il ajoutait volontiers : « En effet, moi qui prêche « tant aux autres la miséricorde de Dieu, je « dois m'y confier. »

C'était une peine sensible pour lui de ne pas pouvoir faire la sainte communion aussi souvent qu'il l'eût désiré : il ne s'en consolait qu'en disant : « Les missionnaires sont eux-« mêmes obligés parfois de passer de longs « temps sans communier... et puis on sent « *aussi* Dieu par la privation. » Les forces diminuaient de jour en jour, il ne pouvait presque plus sortir dans le parc de la maison qu'il habitait; il passait de longues heures seul dans sa chambre, se livrant tout entier, ce qui était assez nouveau pour sa nature expansive, aux attraits de la solitude, et disant

comme le P. de Ravignan : « Jamais je ne
« m'ennuie, le temps ne me paraît pas long,
« je pense et je prie[1]. »

Mais cette solitude qu'il défendait doucement contre la tendresse de ceux qui l'entouraient et contre l'empressement de ses plus nobles relations, elle lui était, comme sa vie, moins chère que les intérêts divins auxquels il était consacré. Un jour on vit arriver à Épinay un élève de l'École militaire de Saint-Cyr; il venait frapper à cette porte qui s'ouvrait si difficilement; pour lui, elle fut aussitôt ouverte. C'était une âme ! une âme qu'avait sans doute touchée autrefois à Sainte-Barbe la parole de ce prêtre ; le pauvre malade mit tendrement à son service le peu de forces qui lui restaient.

Ce fut le dernier acte de ministère sacerdotal que put accomplir l'abbé Perreyve, et il nous donne un droit de plus de dire de notre

---

[1] Maladie et mort du P. Ravignan, par le Père de Ponlevoy.

ami ce que M. le comte de Montalembert a dit du P. Lacordaire : « Cette belle âme a eu cela de commun avec Dieu qu'elle a surtout aimé nos âmes, » *Domine, qui amas animas nostras* [1].

Le jeudi 25 mai, fête de l'Ascension, à l'issue d'une neuvaine qui se terminait ce jour-là, on proposa au malade avec les plus vives instances et d'une manière inattendue de se soumettre à un traitement nouveau et spécial; il hésita beaucoup et, après s'y être enfin décidé, dit à son ami le P. Charles Perraud : « Je me suis demandé, comme je le fais très-« souvent, ce qu'aurait fait le Père Lacor-« daire à ma place ; il me semble qu'il au-« rait vu là une indication de la Providence. »

Il revint peu de jours après s'installer à Paris, afin d'être plus facilement sous la main du médecin ; mais les efforts de la science devaient être ce qu'ils avaient été jusque-là, impuissants à triompher d'un mal trop an-

---

[1] Sap. xi, 27.

cien et trop profond pour pouvoir être conjuré, et dont les ravages étaient de jour en jour plus sensibles.

Au bout de quinze jours environ, le mercredi 14 juin, l'abbé Perreyve éprouva le matin, sans en avoir conscience, une syncope qui effraya extrêmement sa sœur ; elle m'envoya chercher, me confia ses alarmes et me pria d'aller à Épinay conférer de son état avec ses parents.

Madame Perreyve, retenue près de son mari, dont la santé réclamait impérieusement sa présence, n'eut, dans l'extrême douleur où la plongeait l'expression de nos vives inquiétudes, que la consolation de penser qu'aucune des grâces de Dieu ne manquerait à son bien-aimé fils. Je revins à Paris avec la mission d'avertir notre cher malade. Quelque forte que soit une âme, c'est une tâche rude et douloureuse que de la mettre solennellement en présence de la mort ; mais j'étais résolu à faire mon devoir de prêtre et d'ami : j'entrai près de l'abbé Perreyve. C'était dans un moment où il se trouvait extrêmement faible ; aussi me dit-il en me voyant : « Mon « ami, seulement quelques minutes aujour- « d'hui. » Quelques minutes ! c'était bien peu pour lui dire une vérité si grave : je ranimai cependant mon courage, et je commençai par constater avec insistance les progrès du mal depuis plus de deux semaines. A chacune de mes paroles alarmantes, il trouvait une réponse calme, mais qui témoignait d'une confiance que je ne pouvais pas partager. Je priai Dieu intérieurement de venir à mon aide : il m'envoya ce secours par le malade lui-même, qui, s'attendrissant tout à coup, me dit sans aucune liaison avec ses réponses précédentes : « Ah ! une des choses « qui me coûtent le plus en m'en allant, c'est « de te laisser si seul dans la vie. » Je pleurai avec lui, mais en ayant la force d'ajouter : « Mon cher ami, puisque, pour la première « fois, tu me parles si nettement de la possi- « bilité de ta mort, permets-moi de t'avouer « que nous avons aujourd'hui les plus vives

« inquiétudes. » Il me regarda et me dit
« simplement : « Tu crois ? — Oui, c'est
« notre impression à tous ; car tu as eu une
« syncope effrayante ce matin. — Ah ! tu
« m'étonnes, je te l'avoue ; je me croyais
« mal, mais pas si près de la mort : c'est
« très-bien, tant mieux, alors il faut me
« donner le Saint-Viatique et l'Extrême-
« Onction. — C'est ma pensée ; à qui veux-
« tu que je demande pour toi ce service ? —
« Mais à toi-même, reprit-il, seulement il
« faut prévenir Charles afin qu'il soit présent
« à ce grand acte de ma vie. — Il est là,
« dis-je, qui attend l'issue de notre conver-
« sation. — Ah ! fit-il encore avec un mou-
« vement d'étonnement ; alors, tout de suite ;
« puis il ajouta : — Mon pauvre ami, comme
« je te remercie ; ce que tu viens de faire
« n'est pas le moindre service que tu m'aies
« rendu dans ta vie ; je comprends ce que
« tu as dû souffrir ;-merci ! » Alors il fit
entrer le Père Charles Perraud et le tint
longtemps embrassé.

J'allai chercher les saints Sacrements à Saint-Sulpice, sa paroisse; la paroisse de notre enfance, de notre première communion, celle où jeunes gens nous avons prié et pleuré ensemble, où nous avions demandé à Dieu d'affermir notre foi et de protéger notre vertu, où si souvent nous avions apporté nos serments de fidélité à Jésus-Christ, et qui enfin nous avait vus tous deux recevoir la consécration sacerdotale. Toute notre vie de chrétiens était là, et déjà l'un de nous allait y chercher pour l'autre le secours divin des dernières heures.

Lorsque je revins, je trouvai mon ami levé, dans un fauteuil; il avait voulu témoigner ainsi de son respect pour cette visite suprême du Dieu qu'il allait recevoir.

Il fit sortir tout le monde, se confessa de nouveau, pardonna comme le divin Maître avait pardonné sur la croix, et récita avec moi le *Magnificat*. Sa sœur et le Père Charles Perraud revinrent près de lui; l'une absorbée dans les larmes de sa tendresse et de sa piété, l'autre à genoux, soutenant sous le regard de notre ami le livre où il avait exprimé le désir de suivre les cérémonies et les prières de l'Extrême-Onction, afin d'y répondre lui-même. Je commençai l'administration des derniers sacrements, lui laissant pour unique préparation savourer à loisir le magnifique langage que l'Église tient à ses enfants lorsqu'ils touchent aux portes de l'Éternité. Avant de lui donner le Saint-Viatique, je l'invitai à faire, comme il est d'usage pour les prêtres, sa profession de foi par la récitation du *Credo :* il le prononça d'une voix ferme et avec un recueillement profond ; puis il fit signe qu'il voulait parler. Il dit :

« Je demande pardon à mes parents, dont
« je regrette tendrement l'absence en ce mo-
« ment, des torts que j'ai eus envers eux et
« du chagrin que j'ai pu leur causer.

« Je demande pardon à mes amis des
« fautes qu'ils m'ont vu commettre ; je les
« remercie de leur constante affection et je
« leur demande de prier longtemps pour moi

« après ma mort. Qu'ils ne se disent pas,
« comme on dit trop souvent et trop prompte-
« ment : Il est au ciel ; qu'ils prient, et beau-
« coup, pour moi, je les en conjure.

« Et vous aussi, mon domestique Théo-
« dore, je vous demande pardon des scan-
« dales que j'ai pu vous donner. Vous m'avez
« vu de près, c'est une mauvaise manière de
« voir les hommes ; je me recommande à
« vos prières. »

Nous récitâmes ensuite le *Te Deum*, le chant de l'action de grâces pour la vie du temps avant la réception du pain de la vie éternelle. Sans doute en ce moment toutes les bénédictions privilégiées que Dieu avait versées sur lui durent se représenter comme un doux souvenir à l'esprit de notre ami. Il pensa au bienfait de l'éducation chrétienne qu'il avait reçue, — à la tendresse de ses parents, — à cette sœur, ange tutélaire de sa vie, si uniquement aimée, — à ces compagnons de son enfance et de sa jeunesse, auxquels il avait tour à tour demandé et prêté l'appui que se donnent les cœurs unis en Jésus-Christ, — à cette grande amitié du Père Lacordaire, qui, à l'heure terrible de l'effervescence des passions, était venue, avant qu'il en eût senti le besoin, lui apporter le secours décisif du génie et de la vertu, — à toutes ces affections illustres qui avaient suivi celle-là comme pour lui faire cortége, et qui étaient entrées pour une noble part dans la joie, dans l'autorité, dans l'honneur de cette jeune vie ; — enfin à cette renommée naissante qui pouvait faire présager pour lui la gloire d'être un jour un grand et utile serviteur des âmes, de la patrie et de l'Église.

Oui ! j'en suis assuré, toutes les grâces que Dieu lui avait prodiguées ne le trouvèrent pas sans reconnaissance ; car ce fut avec un accent pénétrant de foi et d'amour qu'il acheva le cantique sacré, disant, avant d'accepter la sainte Hostie : « *In te, Domine, speravi, non confundar in æternum* [1] »

---

[1] Seigneur, j'ai espéré en vous, mon espérance ne sera pas vaine.

Lorsqu'il eut reçu le corps du Sauveur, son visage resplendit d'un éclat céleste pendant son action de grâces, qu'il termina en me disant : « *Tu ne saurais croire dans* « *quelles joies intérieures je suis, depuis que* « *tu m'as appris que j'allais mourir.* »

J'informai le soir même Monseigneur l'Archevêque de Paris de l'état de notre cher malade. Sa Grandeur en fut vivement émue, me dit qu'Elle perdait en lui un prêtre sur lequel Elle comptait d'une manière particulière pour le service du diocèse, et que sa première sortie serait le lendemain pour l'abbé Perreyve. Prévenu de l'honneur que devait lui faire Monseigneur, l'abbé Perreyve voulut par respect se revêtir du costume ecclésiastique, dans toute sa rigueur, pour recevoir son Évêque. Aussitôt qu'il l'aperçut, sans compter avec sa faiblesse extrême, il se précipita du lit sur lequel il était étendu, à ses genoux, en réclamant sa bénédiction, avant que Sa Grandeur, malgré son paternel empressement, pût s'opposer à cet acte de pieuse vénération. Il voulut rester seul avec Monseigneur, qui daigna l'entretenir longtemps, et ce fut seulement plus tard que j'appris combien il avait été touché et reconnaissant des bontés de Sa Grandeur.

Les jours qui suivirent, il reçut la visite du R. Père Pététot, supérieur de l'Oratoire, qui avait présidé à sa première éducation sacerdotale ; du R. Père Gratry, dont il avait été le si fervent disciple ; de Mgr l'évêque de Sura, doyen de la Faculté de théologie, qui, devant nous, lui donna les plus pénétrants témoignages de sa tendre affection.

Pendant le cours de cette dernière maladie, M. le comte de Montalembert, le prince de Broglie, M. Augustin Cochin, Mgr Buquet, M. l'abbé Lagarde, vicaire général, M. le curé de Saint-Sulpice, le général Zamoïski, le comte Plater, M. Auguste Nicolas et cent autres n'avaient cessé de lui prodiguer l'expression la plus vive de leur sympathique intérêt.

L'abbé Perreyve voulut aussi faire ses adieux à quelques-uns de ses vieux amis : il écrivit à un de ses anciens camarades de collége, le priant de venir le voir, mais l'avertissant, comme en se jouant, qu'il le trouverait « entre la vie et la mort [1]. »

Il demanda le docteur Charles Ozanam, dont les soins habiles et affectueux l'avaient si souvent depuis quinze ans disputé à la mort, et se recommanda au souvenir de son affection et à ses prières. M. Charles Ozanam, voyant bien que les secours de la science étaient impuissants pour sauver son ami, lui parla, avec la foi si vive de sa famille, de guérisons miraculeuses qui avaient eu lieu l'année précédente à la châsse de Saint-Vincent de Paul, de celle entre autres de la nièce de M. le général Caminade, et lui conseilla de se faire transporter près des reliques de cet illustre patron du clergé. L'abbé Perreyve accepta cette idée sans enthousiasme, mais avec une pieuse confiance, et me pria d'aller demander les autorisations

---

[1] M. Gellé.

nécessaires à M. le Supérieur général des Lazaristes, qui me les accorda avec un très-cordial empressement. La mort alla plus vite que les supplications que nous devions porter à Dieu, et devança la fin d'une neuvaine que Mgr l'évêque d'Orléans commença lui-même en célébrant la messe le lundi 19 à l'autel de Saint-Vincent de Paul.

Un autre vieil ami, le Père Adolphe Perraud, de l'Oratoire, fut aussi réclamé par le pauvre mourant, qui lui dit : « Cher ami,
« j'ai voulu te voir pour te faire mes adieux.
« — Nous ne cesserons point, n'est-ce pas,
« de travailler *ensemble* à la cause de Dieu
« et de l'Église ? — Je devrais être dans un
« grand trouble à cause de mes péchés, et
« néanmoins je me sens dans une paix pro-
« fonde. — Avant de me quitter, donne-moi
« ta bénédiction. » — « Volontiers, lui ré-
« pondit le Père, mais à condition que tu
« me donneras la tienne. » Et ces deux prêtres se séparèrent pour ne se revoir que dans l'éternité, se bénissant l'un l'autre et baisant réci-

proquement leurs mains consacrées par l'onction sacerdotale et par le sang de Jésus-Christ.

Le samedi 17 juin, trois jours après l'Extrême-Onction, l'abbé Perreyve tomba dans un mutisme qui m'inquiéta pour l'état de son âme. Je craignais que l'élan généreux du premier moment ne fût brisé, et que l'amertume d'une mort certaine ne l'envahît malgré lui. Sans doute, dans ces dernières semaines, nous l'avions vu aimer extrêmement le silence et passer des heures entières seul dans sa chambre en témoignant le désir de ne pas être dérangé. Je me souvenais également d'avoir vu le Père Lacordaire, dans le dernier mois de sa vie, ne permettant que difficilement l'accès de sa cellule et se passionnant en quelque sorte pour le calme, par le désir d'une union plus facile et plus grande avec Dieu. Je pensais que le disciple pouvait bien éprouver le même goût divin que le maître. Cependant je redoutais l'épreuve du trouble, de la révolte, des angoisses intérieures, et je l'interrogeai. « Non,

« me dit-il, Dieu me fait la grâce de me
« maintenir dans le même état de résigna-
« tion absolue à sa volonté. J'ai bien eu quel-
« que déception et quelque tristesse à ne pas
« mourir après que tu m'as eu averti, et de
« temps en temps j'ai la crainte de perdre la
« patience si cet état de langueur se prolonge
« beaucoup ; mais au fond je m'abandonne
« complétement. — C'est maintenant que je
« bénis Dieu de m'avoir fait une religion
« simple qui va directement à Jésus-Christ
« et qui se résume en ce seul mot de son
« agonie : *Fiat.* — D'ailleurs, quand mon
« cœur devient un peu aride, je repasse en
« mon esprit les grandes idées platonicien-
« nes sur la Beauté Éternelle, et ainsi la
« philosophie me soutient à son tour et me
« ramène à la piété. »

Le dimanche 18 juin, jour où on célé-
brait la solennité de la Fête-Dieu et qu'il passait ordinairement tout entier à Saint-Sulpice,
j'allai le voir dans l'après-midi. Il était levé,
dans son fauteuil, mais extrêmement faible ;

il ne tarda pas à vouloir s'étendre sur son lit, et, ainsi installé, il me demanda de lui lire un passage de la sainte Écriture, que pendant son séjour à Rome il aimait à méditer souvent au pied de la croix du Colisée. C'était le VIIIe chapitre de l'Épître aux Romains. Peu de temps auparavant, sans formuler autrement sa peine, il m'avait révélé quelque tourment intérieur en priant ainsi devant moi : « *Domine, adauge nobis fidem.* » Sans doute c'était pour apaiser cette anxiété d'âme qu'il voulut entendre de la bouche de saint Paul les espérances immortelles de ceux qui ont donné leur foi à Jésus-Christ.

Je transcris ici une grande partie de ce chapitre : en le lisant après nous, chacun soupçonnera facilement quels sentiments les paroles sacrées devaient éveiller dans l'âme de ces deux amis, dont l'un attendait la mort, et dont l'autre parlait de l'éternité.

| 1. Nihil ergo nunc damnationis est iis qui sunt in Christo | 1. *Il n'y a pas de condamnation pour ceux qui sont en* |

Jesu, qui non secundum carnem ambulant.

2. Lex enim spiritus vitæ in Christo Jesu liberavit me a lege peccati et mortis.

. . . .

5. Qui enim secundum carnem sunt : quæ carnis sunt, sapiunt ; qui vero secundum spiritum sunt : quæ sunt spiritus, sentiunt.

6. Nam prudentia carnis, mors est : prudentia autem spiritus, vita et pax.

7. Quoniam sapientia carnis inimica est Deo : legi enim Dei non est subjecta : nec enim potest.

8. Qui autem in carne sunt, Deo placere non possunt.

9. Vos autem in carne non estis, sed in spiritu : si tamen spiritus Dei habitat in vobis. Si quis autem spiritum Christi non habet, hic non est ejus.

10. Si autem Christus in

Jésus-Christ, qui ne marchent pas en suivant les inclinations de la chair.

2. Parce que la loi de l'esprit de vie qui est en Jésus-Christ délivre de la loi du péché et de la mort.

. . . .

5. Ceux qui sont charnels goûtent les choses de la chair, mais ceux qui sont spirituels goûtent les choses de l'esprit.

6. Or cet amour des choses de la chair est la mort, au lieu que l'amour des choses de l'esprit est la vie et la paix.

7. Car cet amour des choses de la chair est ennemi de Dieu, parce qu'il n'est pas soumis à la loi de Dieu et ne peut l'être.

8. Ceux qui sont dans la chair ne peuvent plaire à Dieu.

9. Pour vous, vous n'êtes pas dans la chair, mais dans l'esprit, si toutefois l'esprit de Dieu habite en vous; car si quelqu'un n'a pas l'esprit de Jésus-Christ, il n'est point à Jésus-Christ.

10. Mais si Jésus-Christ est

vobis est : corpus quidem mortuum est propter peccatum, spiritus vero vivit propter justificationem.

11. Quod si spiritus ejus qui suscitavit Jesum a mortuis, habitat in vobis ; qui suscitavit Jesum Christum a mortuis, vivificabit et mortalia corpora vestra, propter inhabitantem spiritum ejus in vobis.

. . . .

18. Existimo enim, quod non sunt condignæ passiones hujus temporis ad futuram gloriam, quæ revelabitur in nobis.

19. Nam exspectatio creaturæ revelationem filiorum Dei exspectat.

. . . .

22. Scimus enim quod omnis creatura ingemiscit, et parturit usque adhuc.

23. Non solum autem illa, sed et nos primitias Spiritus habentes, et ipsi intra nos gemimus, adoptionem filio-

en vous, quoique votre corps soit mortel à cause du péché, votre esprit est vivant à cause de la justice.

11. Et si l'esprit de celui qui a ressuscité Jésus-Christ d'entre les morts, habite en vous, *celui qui a ressuscité Jésus-Christ d'entre les morts donnera aussi la vie à vos corps mortels* par son esprit qui habite en vous.

. . . .

18. *Je suis persuadé que les souffrances de la vie présente n'ont point de proportion avec cette gloire qui sera un jour découverte en nous.*

19. Car toutes les créatures attendent la manifestation glorieuse des enfants de Dieu.

. . . .

22. Nous savons qu'elles gémissent dans cette attente et sont comme dans le travail de l'enfantement.

23. Et non-seulement elles, mais nous encore qui possédons les prémices du saint Esprit, *nous gémissons en*

2.

rum Dei exspectantes, redemptionem corporis nostri.

nous-mêmes attendant l'adoption divine et la rédemption de nos corps.

. . . .
. . . .

28. Scimus autem quoniam diligentibus Deum omnia cooperantur in bonum, iis qui secundum propositum vocati sunt sancti.

28. Nous savons que tout contribue au bien de ceux qui aiment Dieu et qu'il a appelés par son décret pour être saints.

. . . .

30. Quos autem prædestinavit hos et vocavit : et quos vocavit, hos et justificavit ; quos autem justificavit, illos et glorificavit.

30. Ceux qu'il a prédestinés, il les a appelés ; ceux qu'il a appelés, il les a justifiés ; ceux qu'il a justifiés, il les a aussi glorifiés.

31. Quid ergo dicemus ad hæc? Si Deus pro nobis, quis contra nos?

31. Après cela que pouvons-nous dire? Si Dieu est pour nous, qui sera contre nous?

32. Qui etiam proprio Filio suo non pepercit, sed pro nobis omnibus tradidit illum; quomodo non etiam cum illo omnia nobis donavit?

32. Celui qui n'a pas épargné son propre Fils, mais qui l'a livré pour nous; comment avec lui ne nous donnerait-il pas aussi tous biens?

33. Quis accusabit adversus electos Dei? Deus qui justificat.

33. Qui accusera les élus de Dieu? puisque Dieu les justifie.

34. Qui est qui condemnet? Christus Jesus, qui mortuus est, imo qui et resur-

34. Qui les condamnera? Ce ne sera pas Jésus-Christ qui est mort pour nous, qui

rexit, qui est ad dexteram Dei, qui etiam interpellat pro nobis.

35. Quis ergo nos separabit a charitate Christi? tribulatio? an angustia? an fames? an nuditas? an periculum? an persecutio? an gladius?

36. (Sicut scriptum est : Quia propter te mortificamur tota die : æstimati sumus sicut oves occisionis.)

37. Sed in his omnibus superamus propter eum qui dilexit nos.

38. Certus sum enim, quia neque mors, neque vita, neque Angeli, neque principatus, neque virtutes, neque instantia, neque futura, neque fortitudo,

39. Neque altitudo, neque profundum, neque creatura alia poterit nos separare a charitate Dei, quæ est in CHRISTO JESU DOMINO NOSTRO.

est ressuscité, qui siége à la droite de Dieu, et qui, lui-même, intercède pour nous.

35. *Qui donc nous séparera de l'amour de Jésus-Christ?* Sera-ce les traverses, les amertumes, la faim, le dénûment, le péril, la persécution, le glaive?

36. (Selon qu'il est écrit : « On nous fait mourir tous les jours à cause de vous, et on nous regarde comme des brebis destinées à la boucherie. »)

37. Mais *parmi tous ces maux nous demeurons victorieux par la grâce de Celui qui nous a aimés.*

38. Car je suis assuré que *ni la mort, ni la vie*, ni les Anges, ni les principautés, ni les puissances, ni les choses présentes, ni les choses futures, ni la violence,

39. Ni tout ce qu'il y a au plus haut des cieux ou au plus profond des enfers, ni enfin une créature quelconque *ne pourra nous séparer de l'amour de Dieu qui est fondé sur* JÉSUS-CHRIST NOTRE-SEIGNEUR.

A ce verset : « *Ceux qu'il a prédestinés, il les a aussi appelés, et ceux qu'il a appelés il les a aussi justifiés, et ceux qu'il a justifiés il les a aussi glorifiés,* » je levai les yeux vers mon ami pour voir quelle impression produisaient sur son âme ces paroles qui remuaient profondément la mienne ; nos regards se rencontrèrent : ils étaient pleins de larmes ; nous nous serrâmes la main en silence et je continuai. Mais chaque phrase nous apportait une nouvelle et plus profonde émotion. Comme entre les disciples d'Emmaüs, Jésus-Christ était entre nous ; il parlait et notre cœur brûlait sous le feu de sa parole. Je pouvais à peine poursuivre le texte sacré, et lui pleurait doucement en silence. Les derniers mots : « *Ni la mort ni la vie... ne pourra nous séparer de l'amour de Dieu,* » portèrent à son comble le trouble de notre cœur ; nous éclatâmes en sanglots, et lui, me serrant la main, me dit : « *Ah! laisse-moi seul avec Dieu, à demain.* » Je m'éloignais avec respect, lorsqu'il s'écria : « *Ou plutôt, apporte-moi la communion.* » J'allai en toute hâte chercher la sainte hostie, je la déposai sur ses lèvres, et, sans troubler d'un mot ce grand et solennel silence de nos âmes, je le laissai dans la paix de l'action de grâces, demandant intérieurement à Dieu de le prendre avec lui cette nuit même.

Mon ami n'avait pas assez souffert, ma prière ne fut pas exaucée.

Les jours suivants se passèrent dans l'attente de la mort. Il disait au Père Charles Perraud : « Je vois maintenant combien il
« m'est utile de m'être accoutumé à penser
« souvent à la mort comme à une chose douce
« et désirable. » Et une autre fois : « Je n'ai
« jamais éprouvé de si grand dépit que de
« voir tous ces jours-ci que je ne pouvais
« mourir. » Sa maigreur extrême lui causait une souffrance perpétuelle, ses quintes de toux étaient une véritable torture qui semblait devoir briser sa poitrine ; il ne se plaignait pas plus qu'il ne l'avait fait jusque-là, et disait encore au Père Charles Perraud :

« Je me représente la volonté de Dieu sous
« cette image : c'est une citadelle sur une
« roche très-élevée ; je m'y réfugie, je m'y
« renferme et je dis : je ne connais plus rien
« autre chose. » Et encore : « Ah ! qu'il fait
« bon d'être chrétien ; je ne l'avais jamais
« senti à ce point, tu pourras prêcher cela
« toute ta vie. » Vers le milieu de la semaine,
un mieux fatal, précurseur assez ordinaire de
la mort dans les maladies de poitrine, ranima
dans l'esprit de notre malade les illusions de
vie qu'il avait si volontiers et si facilement
abandonnées naguères ; il me les exprima
ainsi : « C'est dommage ! je m'étais habitué
« à la pensée de la mort, je vivais avec elle
« et elle me rendait heureux : maintenant
« c'est un sacrifice plus dur à faire ; il va fal-
« loir accepter une triste et misérable vie :
« quel être chétif et inutile je vais être pen-
« dant longtemps ! Ce sera l'affaire de deux
« ans au moins pour revenir de cette pro-
« fonde ruine. Ah ! j'aimais mieux la mort...
« La vie cependant me sourit par un côté :

« je la mènerais meilleure ; je serais plus
« prêtre, je tâcherais de faire plus de bien, et
« surtout de le faire mieux... Enfin, que la
« volonté de Dieu soit faite dans la vie comme
« dans la mort. »

Ces illusions qui provoquaient de si nobles sentiments ne purent pas durer. La maladie reprit son cours et les forces déclinèrent plus rapidement que jamais. Le dimanche soir, la religieuse qui le gardait m'avertit qu'elle le trouvait beaucoup plus mal et qu'elle avait des inquiétudes pour la nuit : je résolus de ne plus le quitter d'un instant. J'allai vers lui ; il m'accueillit avec un sourire mélancolique, me disant : « Je suis bien faible, cependant
« par certains côtés il y a du mieux ; j'ai
« senti aujourd'hui mes nerfs, ce que je
« n'avais pas éprouvé depuis trois mois ; je
« voudrais bien avoir une bonne nuit. » Je le quittai en l'embrassant et en le bénissant, sans lui dire, pour ne pas l'inquiéter inutilement, que j'allais rester dans une pièce voisine. La nuit fut mauvaise et agitée ; aussi

le lendemain matin la faiblesse était-elle extrême, et la Sœur me chargea de prévenir sa famille que peut-être il ne passerait pas la journée. Elle ne se trompait pas. C'était le lundi 26 juin. J'allai dire la messe pour lui à l'église la plus proche, craignant tout. A mon retour, j'entrai près de lui. Sans doute je n'étais pas maître de mon émotion, car il s'en rendit compte, et me fixant d'un air résolu il me dit : « Y a-t-il du nouveau ? je « veux savoir la vérité. » — « Non, repris-je, « rien de très-extraordinaire, mais je te « trouve changé depuis hier soir, je suis « inquiet. » — « En effet, je me sens beau-« coup plus faible; sans doute, dans mon état, « l'épuisement est naturel, après une nuit « sans sommeil; mais cependant j'éprouve « des sensations étranges, comme une dislo-« cation sourde au fond de l'être; eh bien ! « je vais prendre un peu de repos, adieu ! » — « Soit, lui dis-je, mais je ne m'éloignerai pas, « je resterai près de ton lit ou dans la pièce « voisine. » — « Pourquoi cela ? je suis donc

« beaucoup plus mal ? » — « Peut-être ; je ne
« veux pas te quitter ; tu peux avoir besoin de
« moi, désirer te confesser ou communier ;
« d'ailleurs la Sœur m'a recommandé de rester
« jusqu'à son retour. »—« Ah ! je comprends,
« merci ; alors ce sera pour aujourd'hui ; eh
« bien ! il faut me préparer à la grande lutte, et
« aller me chercher de suite le saint Viatique. »
Je le confessai une dernière fois en lui appliquant l'indulgence plénière à l'article de la mort, ce qui était lui dire le dernier mot de sa situation. Il reçut ensuite la sainte communion avec une grande ferveur et une grande paix, demandant, comme il le faisait toujours, à rester quelque temps avec Dieu seul.

Dans la matinée, il réclama le P. Charles, s'entretint intimement et tendrement avec lui ; mais la vie baissait d'une manière sensible et avec rapidité, sans secousses ni crises : il éprouvait cependant une souffrance générale qui le faisait gémir et dire quelquefois : « Que je souffre ! » et de suite après : « Mais à la volonté de Dieu. » Lorsque son médecin vint,

il lui dit : « Au point où nous en sommes,
« je n'ai plus à vous demander qu'un peu de
« soulagement, car il y a des instants où vrai-
« ment je souffre trop, et j'ai peur de perdre
« la patience. » Dans l'après-midi, il réclama
de moi, comme il l'avait fait à plusieurs
reprises de la religieuse et du P. Charles,
mais avec plus d'instances que jamais, la vérité sur son état. Je ne crus pas devoir résis-
ter à une volonté exprimée avec tant de per-
sistance et de force d'esprit, ni priver cette
belle âme du grand bonheur de voir venir la
mort, de saluer chacun de ses pas, trop lents
à son gré, et de se remettre entre les mains
de Dieu dans la plénitude de sa volonté et de
son amour ; je lui avouai qu'il ne fallait pas
compter sur la nuit, peut-être même pas sur
la journée. Il me remercia avec la tendresse
la plus vive ; puis il désira être seul. Nous le
veillâmes de loin. Il ne tarda pas à faire demander son bon père, si éprouvé par des in-
firmités qui en affligeant son corps laissent
son cœur dans toute son ardeur et son intel-

ligence dans toute sa lumière ; en le voyant entrer dans sa chambre, notre cher mourant lui dit : « *Il faut avoir du courage, l'amour c'est la force, et puis, vois-tu, Dieu par-dessus tout ; c'est lui qui soutient dans les grandes angoisses ; je le sens plus que jamais à cette heure.* » Son père, sa mère et sa sœur s'étant agenouillés auprès de son lit, il les bénit au nom de Jésus-Christ dont il était le prêtre. Plus tard il dit à la religieuse qui l'avait entouré de ses soins : « Merci, mille fois merci, ma Sœur, donnez-moi le crucifix, non pas le mien, mais le vôtre, celui qui a déjà reposé tant de fois sur les lèvres des mourants. » Puis il le baisa affectueusement en disant *Amen*. — Il fit venir ensuite les domestiques, les remercia de leurs services, se recommanda à leurs prières et les bénit. — M. le docteur Gouraud étant survenu, il lui exprima toute sa gratitude pour les efforts que, dans ces derniers jours, avec un dévouement d'ami, il avait tentés pour le sauver ; il ajouta même doucement et affectueusement qu'il était *inutile* qu'il se dérangeât de nouveau ! — Comme sa mère était près de son lit, il lui dit : « Si je meurs de« main, ce sera l'anniversaire de ma pre« mière communion. — Cher enfant, répon« dit-elle en pleurant, j'étais bien heureuse « ce jour-là, et toi aussi. — Eh bien, reprit-il, « il faudra encore être heureuse demain. » — Enfin il retint sa sœur à son chevet, lui indiqua quelques modifications à faire au tombeau de famille et lui dicta d'une voix encore nette et assurée son épitaphe : « *Satiabor cum apparuerit gloria tua*[1]. » C'était son âme tout entière qui passait dans ce cri de foi, d'espérance et d'amour.

A partir de ce moment, ce fut vraiment l'agonie, douce et paisible ; mais l'agonie, la lutte suprême de la vie contre la mort. Les mains de notre ami étaient glacées ; le pouls s'affaiblissait et devenait presque insaisissa-

---

[1] Seigneur, je serai rassasié lorsque vous m'aurez manifesté votre gloire. *Ps.* XVI, 15.

ble ; l'oppression augmentait. Le corps annonçait sa ruine ; mais l'âme était encore dans la pleine possession de ses facultés ; elle se tenait unie à Dieu, car de temps en temps le malade approchait lui-même de ses lèvres le crucifix qu'il tenait à la main et disait : « *Seigneur, ayez pitié de moi. — Jésus, prenez-moi bientôt, — Jésus, bientôt ;* et lorsque sa poitrine haletante ne lui fournissait plus même assez de souffle pour ces courtes prières, il murmurait tendrement le seul mot « *Jésus.* »

Vers sept heures, le pauvre mourant fit un soudain effort pour se lever à demi sur son lit. Son visage était blême et baigné de sueur, ses lèvres décolorées, mais son regard ranimé devint étincelant et se fixa avec la plus vive expression de terreur sur un ennemi invisible et présent ; puis il cria fortement par deux fois : « *J'ai peur, j'ai peur !* » Je me précipitai vers son lit, lui disant : « Non, il ne faut pas avoir peur de Dieu, il « faut t'abandonner entièrement à sa misé-

« ricorde, et dire : *In te, Domine, speravi,*
« *non confundar in œternum.* » Il me regarda et me dit : « *Ce n'est pas de Dieu que*
« *j'ai peur ! Oh non ! J'ai peur... qu'on ne m'empêche de mourir.* » Je lui fis baiser son crucifix et il se calma. Je ne tardai pas à me rapprocher de lui et, lui présentant la croix du Père Lacordaire qui ne l'avait pas quitté pendant toute cette journée, je prononçai lentement : « Mon Dieu, je vous aime de tout mon cœur pour le temps et pour l'éternité. » — « *Oh ! oui, de tout mon cœur,* » répondit-il en imprimant longtemps ses lèvres sur l'image de notre unique Maître et Seigneur Jésus-Christ.

Ce furent les dernières paroles, ce fut le dernier acte de foi et d'amour.

Les ombres de la mort voilèrent pour jamais son grand et tendre regard ; elles envahirent sa belle et ferme intelligence, et le mouvement de sa poitrine nous avertit seul, pendant quelques minutes, que nous n'avions pas encore sous nos yeux un cadavre. Les Pères Charles et Adolphe Perraud récitaient les prières des agonisants : « Proficiscere, anima christiana; partez, âme chrétienne, etc. » Il était près de huit heures du soir. Les dernières convulsions arrivèrent; je répétai sur cette âme, présente encore sous les liens de la captivité terrestre, les paroles sacramentelles : « Ego te absolvo à peccatis tuis. » Et bientôt après, ma voix dominant les sanglots de sa famille et de ses amis, murmurait au pied du tribunal de Dieu, pour celui que nous avions si tendrement aimé : « De profundis clamavi ad te, Domine... quia apud Dominum Misericordia et copiosa apud cum Redemptio. — *Seigneur, j'ai crié vers vous, parce que vous êtes la Miséricorde et le Salut.* »

L'ABBÉ E. BERNARD.

Le lendemain, nous trouvâmes, dans ses papiers, les dernières lignes qu'il ait écrites, dix jours avant sa mort ; les voici :

« *Au nom du Père, du Fils et du Saint-*
« *Esprit.*
« *Je meurs dans la foi de l'Église catholi-*
« *que, au service de laquelle, dès l'âge de*
« *douze ans, j'ai eu le bonheur de consacrer*
« *ma vie.*
« *Je bénis tendrement mes parents et mes*
« *amis.*
« *Je conjure tous ceux qui garderont quel-*
« *que souvenir de moi de prier longtemps*
« *pour le salut de mon âme, afin que Dieu,*
« *détournant ses regards de mes péchés, dai-*
« *gne me recevoir dans le lieu du repos et*
« *du bonheur éternel.*
« *J'espère cette grâce par les mérites de*
« *Notre-Seigneur Jésus-Christ. Amen.*

« *Je bénis encore une fois tous ceux qui me*
« *sont chers, mes parents, mes bienfaiteurs,*

« mes maîtres, mes pères et mes frères dans
« le sacerdoce, mes fils spirituels, tant de
« chers jeunes gens qui m'ont aimé, toutes
« les âmes auxquelles j'ai été uni sur la terre
« par le lien d'une même foi et d'un même
« amour en Jésus-Christ.

« PAX VOBIS. »

www.ingramcontent.com/pod-product-compliance
Lightning Source LLC
Chambersburg PA
CBHW060944050426
42453CB00009B/1119